# ノリノリ！お店やさんごっこ

行事アイデアぽけっと

pot ブックス mini

チャイルド本社

# ノリノリ！
# お店やさんごっこ もくじ

さぁ、はじめよう！
お店やさんごっこ … P.4

P.6 パンやさん

P.10 スーパーマーケット

P.14 お弁当やさん

P.18 ハンバーガーやさん

# さぁ、はじめよう！ お店やさんごっこ

店員さん役はもちろん、お客さん役や商品作りもとっても楽しい♪
子どもたちが、ノリノリで楽しめちゃうお店やさんごっこにするポイントをご紹介！

## 導入

お店が登場する絵本を読む

おもちゃを並べてお買い物ごっこ

お買い物体験もおすすめ！

### ノリノリ！お店やさんごっこ

## お店選び

イメージしやすい 身近なお店

話し合ってみよう やってみたいお店

かっこいい！ 憧れのお店

### 導入とお店やさん選びで、興味とやる気がパワーアップ！

## 素材集めのポイント

**100均は素材の宝庫**
品物の種類や色などのバリエーションが豊富な100円ショップ。意外な物が活用できるので、素材探しをしてみましょう！

**衛生面に注意！**
食品の空き容器を活用するときは、よく洗い、乾燥させてから使用します。

**家庭に協力をお願いするときは**
廃材は急には用意できないもの。おたよりなどで事前に伝えましょう。

## 盛り上がるコツ！

商品以外にも、コスチュームや看板を用意すると、ますますノリノリ♪ 言葉のやりとりも楽しんで、お店やさんごっこをもっと盛り上げちゃおう！

### やりとりを楽しもう！

「おすすめは何ですか？」「いっしょに○○はいかがですか？」「△△が安いよ！」…。店員さんが商品を紹介したり、お客さんが質問したりして言葉のやりとりを楽しみましょう。

### 全部手作りじゃなくてもOK！

お店やさんの商品や道具は、全部手作りでなくても大丈夫！ 例えば、商品の空き容器などをそのまま使うと本物らしさが出ます。

本物をそのまま♪

### コスチューム＆看板で雰囲気アップ！

エプロンや帽子を着ければ、本物の店員さんみたい！ 看板があると、何のお店かわかりやすいです。目玉商品をお知らせしても楽しい♪

### おすすめアイテム

商品以外にも、お客さんが使うアイテムを作ると楽しい！

【材料】色画用紙、発泡スチロール板、プラスチック板

案・製作／町田里美

#### お金

色画用紙　書く

#### サービス券

書く
色画用紙をピンキングばさみで切る

#### ポイントカード

色画用紙　描く
型紙 P.44
プラスチック板
ハート型に切った発泡スチロール板

## パンいろいろ

【材料】色画用紙、折り紙、紙筒、クラフト紙、新聞紙、お花紙、カラーポリ袋、透明なビニール袋、毛糸、タオル地、輪ゴム、封筒、綿ロープ

### クロワッサン

こんがり〜

**作り方**

- しわをつけたクラフト紙
- ----- 谷折り
- 下から巻いてセロハンテープで留める
- 絵の具で着色する

### サンドイッチ

**作り方**

- ダンボール板
- お花紙で包む
- ※2枚作ります
- 貼り重ねる
- 三つ折りにした色画用紙
- ちぎった色画用紙
- 2個作りまとめて入れる
- 透明なビニール袋
- 口を閉じる

### メロンパン

ふわふわでおいしそう

- 丸めた新聞紙をお花紙で包み、上にタオル地を貼る
- 輪ゴムを引っ掛ける

### フランスパン

- しわをつけたクラフト紙をちぎって貼る
- 細長く丸めた新聞紙を封筒に入れ、成形してセロハンテープで留める

丸めた色画用紙

おにぎり

コピー用紙を
おにぎりの形に
丸める

毛糸

スパゲッティ

サラダ

丸めた
色画用紙

しわをつけた
色画用紙

ちぎった
お花紙

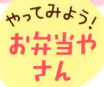
やってみよう！
お弁当やさん

❶注文を聞く

市販の
空き容器を
使って

お弁当の空き容器をそのまま利用すると、
準備の手間も省けて、本物らしさが出ます。

いらっしゃいませ！
何にしますか？

えーっと…
ハンバーグ弁当
ください！

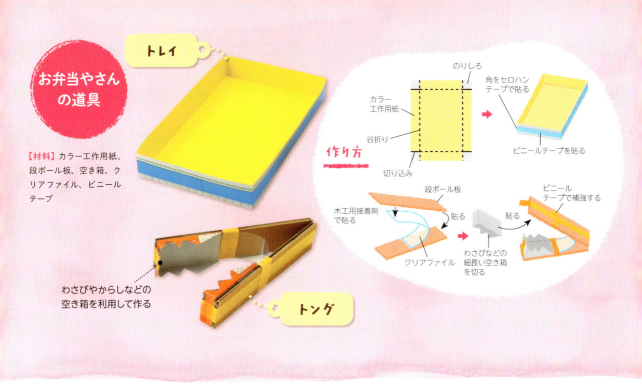

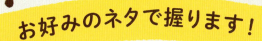

# おすしやさん

コスチューム P.43 | 型紙 P.45

へいらっしゃい！

まぐろおまち！

## おすしやさん の道具

**【材料】**色画用紙、紙皿、段ボール板、ひも、フックシール、透明のビニールシート、カラー布クラフトテープ、ビニールテープ

たまごに しようかな～

**カウンター**

**お品書き**

まきもの ツナコーン たまご いくら えび まぐろ

**作り方**

貼る

貼る

裏から透明のビニールシートを貼る

段ボール板にカラー布クラフトテープを貼る

**作り方**

段ボール板に色画用紙を貼る

裏にひもを貼る

穴を開ける

引っ掛ける

フックシールを貼る

段ボール板に木目を描く

書く

**皿**

紙皿にビニールテープを巻く

## アイスクリームやさんの道具

【材料】色画用紙、ペットボトル、厚紙、ビニールテープ、段ボール板、牛乳パック、カラー布クラフトテープ、包装紙、紙テープ

### コーン立て

**作り方**
- 切り口にビニールテープを貼る
- デッシャー用に切り取ったペットボトルの残りの部分
- 貼る
- 段ボール板に色画用紙を貼る

### おいしそう！

### アイスクリーム立て

**作り方**
- 包装紙と紙テープを貼る
- 牛乳パックにカラー布クラフトテープを貼る
- 穴を開け、切り込みを入れて内側に折る

### ディッシャー

**作り方**
- ペットボトルの底の部分
- 貼る
- 切り口にビニールテープを貼る
- 切り込みを入れる
- 厚紙を図のように折る

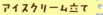

楽しく遊べそう！

28

## やってみよう！アイスクリームの作り方

カップに入れてもかわいい！

❶ ディッシャーにアイスクリームを入れる

本物みたいでしょ！

❷ コーンの上に載せる

どれにしようかな〜？

❸ セロハンテープにトッピングをくっ付ける

❹ アイスクリームに貼る

29

## アクセサリーいろいろ

モチーフが選べる！

【材料】画用紙、色画用紙、包装紙、輪ゴム、段ボール板、空き箱、カラークラフトテープ、軽量紙粘土、綿のひも、ティッシュボックス、牛乳パック、モール、カラーポリ袋、ビーズ、カラー工作用紙、リボン、カラービニールテープ、シール、平ゴム

どれにしようかな？

### 作り方

- 画用紙
- 輪ゴムを挟んでホッチキスで留める
- 描く
- 描く
- 画用紙
- 裏に両面テープを貼る
- 空き箱に包装紙を貼る
- 段ボール板にカラークラフトテープを貼る
- ビニールテープを周囲に貼る

ブレスレット＆時計

案・製作／町田里美

やってみよう！
**洋服やさん**

### ❶ ベースの服と飾りを決める

お客さんがベスト、スカート、ズボンから作りたい服を決め、飾りも選びます。

このリボンを付けてください

### ❷ お客さんが選んだ服に飾りを貼る

はーい！少々おまちください

リボンはここね♪

飾りを両面テープで貼ります。
お客さんと相談しながらすすめましょう。

### ❸ 試着

完成したら、お客さんに試着してもらいましょう。作った服は持ち帰れます。

お似合いですよ

かわいい！ありがとう♪

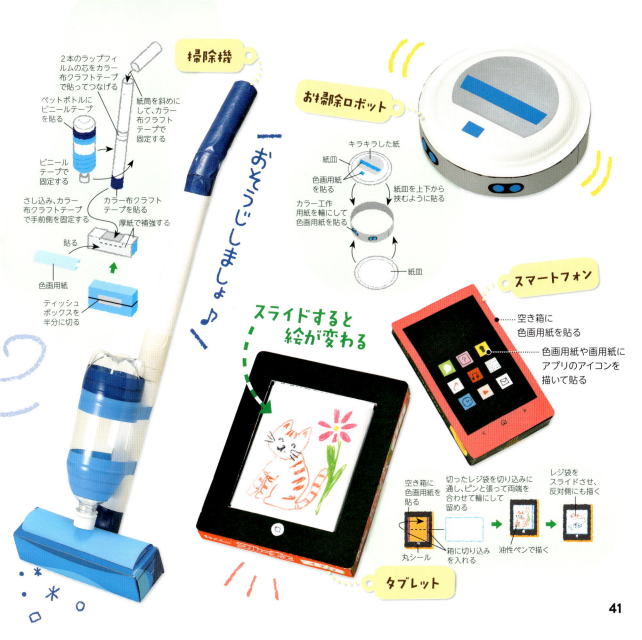

# なりきり度アップ！コスチュームの作り方

> このマークが付いているお店やさんごっこのコスチュームの作り方を紹介します。

コスチューム P.00

## P.18 ハンバーガーやさん

〈サンバイザー〉

- 端を折って、輪ゴムを挟み、ホッチキスで留める
- 山折りする
- 谷折りする
- 色画用紙
- 包装紙を貼る
- 両方の端を寄せて、輪ゴムを色画用紙で挟み、ホッチキスで留める

はいどうぞ！

## P.6 パンやさん

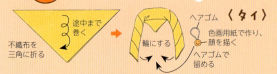

〈タイ〉
- 不織布を三角に折る
- 途中まで巻く
- 輪にする
- ヘアゴム
- 色画用紙で作り、顔を描く
- ヘアゴムで留める

〈帽子〉
- 新聞紙（片面ページ分）
- 折る

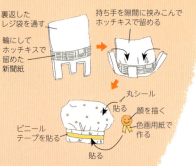

- 裏返したレジ袋を通す
- 輪にしてホッチキスで留めた新聞紙
- 持ち手を隙間に挟みこんでホッチキスで留める
- 丸シール貼る
- 顔を描く
- 色画用紙で作る
- ビニールテープを貼る
- 貼る

## P.22 おすしやさん

へいらっしゃい！

## P.26 アイスクリームやさん

# すぐに使えて便利！コピー用型紙集

このマークが付いているお店やさんごっこの型紙です。コピーしてご利用ください。

## P.5 おすすめアイテム

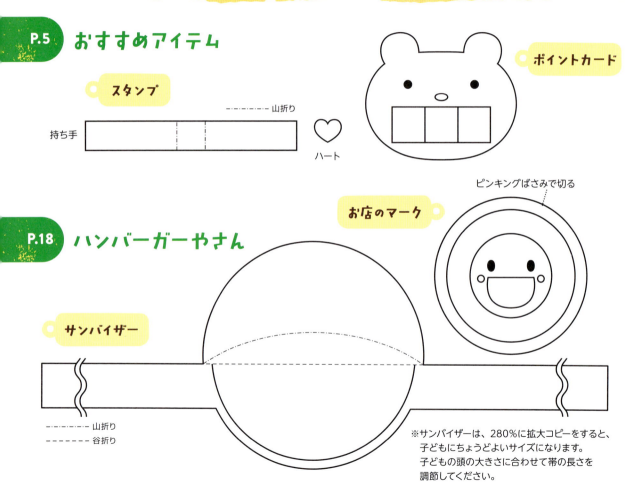

※サンバイザーは、280％に拡大コピーをすると、子どもにちょうどよいサイズになります。子どもの頭の大きさに合わせて帯の長さを調節してください。

## P.22 おすしやさん

えび

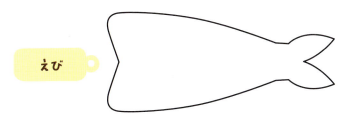

※サンバイザーは、400％に拡大コピーをすると、子どもにちょうどよいサイズになります。子どもの頭の大きさに合わせてテープで留める位置や帯の長さを調節してください。

## P.26 アイスクリームやさん

コーン＆紙ケース　　バッジ　　サンバイザー

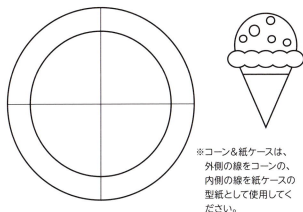

------- 谷折り

切り込みを入れる

※コーン＆紙ケースは、外側の線をコーンの、内側の線を紙ケースの型紙として使用してください。

45

### P.30 アクセサリーやさん

ネイルの台紙

指輪ケース

帽子

切り込みを入れる

------ 谷折り

※帽子は、300%に拡大コピーして、さらに200%に拡大コピーをしてください。
※上下に分けてプリントアウトして貼り合わせてください。

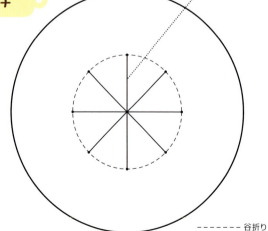

ワッペン

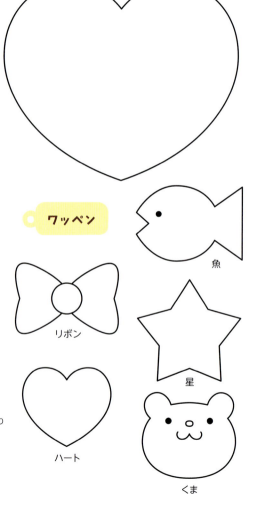

魚

リボン

星

ハート

くま

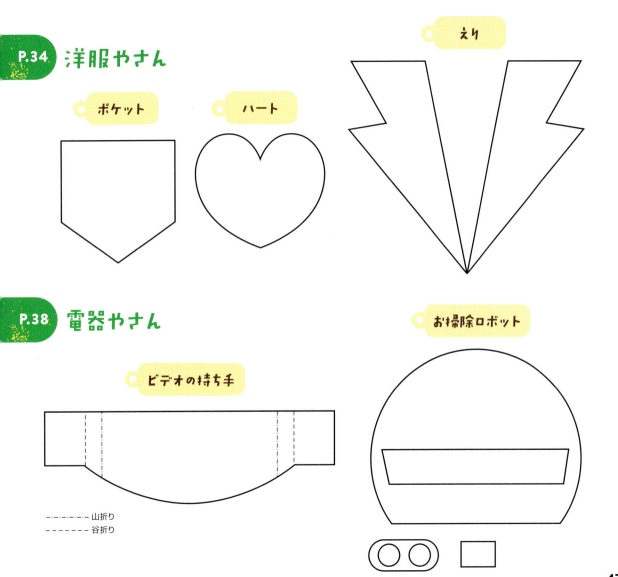

**案・製作、衣装製作**
尾田芳子、つかさみほ、町田里美、メイプル、山下きみよ

**カバー・本文デザイン** ／ 坂野由香、石橋奈巳（株式会社リナリマ）
**もくじ・アイコンイラスト** ／ nachicco
**イラスト** ／ ヤマハチ
**作り方イラスト** ／ おおしだいちこ、河合美穂、つかさみほ、みつき
**キッズモデル協力** ／ 有限会社クレヨン
**撮影** ／ 林 均、広瀬壮太郎（office 北北西）、安田仁志
**型紙トレース** ／ 奏クリエイト、プレーンワークス
**本文校正** ／ 有限会社くすのき舎
**編集** ／ 田島美穂

Potブックスmini　行事アイデアぽけっと
# ノリノリ！お店やさんごっこ
2019年10月　初版第1刷発行
2023年1月　　第4刷発行

編　者／ポット編集部　©CHILD HONSHA CO.,LTD.2019
発行人／大橋 潤
編集人／竹久美紀
発行所／株式会社チャイルド本社
　　　　〒112-8512　東京都文京区小石川 5-24-21
電話／03-3813-2141（営業）　03-3813-9445（編集）
振替／00100-4-38410
印刷・製本／共同印刷株式会社
ISBN978-4-8054-0285-6
NDC376　17×19cm　48P　Printed in Japan

チャイルド本社のホームページアドレス
https://www.childbook.co.jp/
チャイルドブックや保育図書の情報が盛りだくさん。
どうぞご利用ください。

■製本上の針金にご注意ください。
■乱丁・落丁本はお取り替えいたします。
■本書の無断転載、複写複製（コピー）は、著作権法上での例外を除き禁じられています。
■本書を代行業者等の第三者に依頼してスキャンやデジタル化することは、たとえ個人や家庭内の利用であっても、著作権法上、認められて
　おりません。